ELAS

15 VERDADES ABSOLUTAS SOBRE AS MULHERES

Daniel Musema

Copyright © 2023 Daniel Musema
Todos os direitos reservados.
ISBN: **9798861630870**

Desenho da Capa: Juan hilario
Concepção da Capa: Daniel Musema
Revisão de texto: Vanusa Sobrinho
                    Ivanilda Moraes

DEDICATÓRIA

Para a minha sogra peruana: Beny, que eu dei o apelido de "mother" pelo seu amor, carinho e orações por mim.

Elas

AGRADECIMENTOS

Primeiramente a Deus, o provedor de toda sabedoria, digo obrigado. **Vanusa Sobrinho**, 18 anos depois das minhas primeiras aulas de português com você, continuo precisando da sua tradução: do meu português para o português de verdade que os meus leitores podem entender. Cunhada **Jane Moraes**, o que você não faria para os Musema! **Jerba**, o meu irmão de sangue e embaixador dos meus trabalhos. **Ivanilda Moraes**, obrigado pela última olhada no manuscrito. Minha filha **Anjolie Musema**, você me faz pensar e rir, e quando penso e rio escrevo melhor.

Elas

CONTEÚDO

9   [INTRODUÇÃO]

15 [Verdade 1]
Convite para opinar não é convite para decidir

21 [Verdade 2]
Com razão ou aparentemente sem razão alguma, dê razão pra ela

29 [Verdade 3]
Ela se apaixona ainda mais quando você explica por que ela está bonita

35 [Verdade 4]
A mulher conversa muito além do superficial

41 [Verdade 5]
Nenhum amor dura para sempre, o amor se cultiva para sempre.

47 [Verdade 6]
A tarefa mais difícil é ser uma mãe e um mulherão sem ajuda de um bom marido

55 [Verdade 7]
"estou carente" nem sempre ela quer dizer que quer sexo

63 [Verdade 8]
Algumas feridas só secam com o álcool das lágrimas

69 [Verdade 9]
Tem dias que a mulher é chata e insuportável
75 [Verdade 10]
A chance de consertar o que você acabou de falar
83 [Verdade 11]
Muitas mulheres provam pelo menos duas roupas antes de decidir com qual ela vai sair
89 [Verdade 12]
Quando a mulher pára de chorar, não adianta mais
93 [Verdade 13]
As mulheres não querem que os homens façam duas coisas
99 [Verdade 14]
É ridículo dar *like* nos *selfies* da ex na internet
103 [Verdade 15]
Quando uma mulher trouxer à tona um assunto que já foi perdoado.

INTRODUÇÃO

Nós as Mulheres

Sabiamente me disse a minha sogra peruana no dia que ela sentiu a necessidade de abordar comigo, de maneira suave, um assunto sério sobre o andamento do meu relacionamento com a filha dela. Sabe, aquele papo de "sogra" que às vezes é necessário, mas nem sempre é bem-vindo ou bem-visto? Pois é, eu mal sabia que anos depois, a frase "Nós as mulheres" me serviria de reflexão para escrever sobre mulheres. Já foi comprovado pela ciência e convivências que existe um jeito de pensar, falar e agir distintivo das mulheres.

É verdade que o sucesso de um bom relacionamento não depende somente de o homem entender a mulher. Posso até dizer que nem sempre você precisa entender a mulher. Às vezes, você só precisa ouvi-la e ela mesma se entenderá. Este livro não é para culpar os homens. Para o homem entender a mulher, ela também deve cooperar para chegar a esse resultado desejado. Existem mulheres que não colaboram, que não são boas professoras do seu próprio idioma e maneira de pensar. Um bom relacionamento não é trabalho de um, mas de cada um.

Os homens não são mulheres, não são como as mulheres, não podem fazer tudo o que as mulheres fazem e nem pensam como as mulheres. Nesse mesmo sentido, digo que a felicidade de uma mulher não está em fazer tudo que fazem os homens e muito menos em ser uma mulher "independente". Diplomas ou dinheiro nunca vão ocupar o lugar do homem na vida de uma mulher que não nasceu com o dom de ficar sozinha pelo resto da vida. Se a sua alma repudia a solidão, manifestando o prazer de ter um acompanhante nessa estrada chamada vida, então é preciso entender um ao outro para se viver experiências inéditas. Precisamos ser bons professores para o outro, precisamos nos dedicar ao outro. Ensinos feitos com paciência e amor ficam gravados na mente.

Alguns dos bons relacionamentos também têm um início, um meio e, infelizmente, um fim. No meu caso, o fim do meu bom relacionamento foi aquele ditado: até que a morte nos separe.

Neste livro, compartilharei alguns assuntos sobre mulheres que aprendi da minha falecida esposa, do que ouço dos casais que foram nossos amigos, casais desconhecidos que observo em filas de bancos, restaurantes, portas de igrejas, mercados e resultado de leituras feitas sobre um assunto que me fascina a mais de 20 anos: O relacionamento dito romântico entre um homem e uma mulher.

Elas

Quando mulheres tentam iniciar uma conversa perguntando "O que você acha?", os homens frequentemente pensam que eles estão sendo convidados a tomar uma decisão.

Deborah Tannen

Elas

VERDADE 1:

Convite para opinar não é convite para decidir algo no lugar dela. Saiba que a mulher pode te chamar para decidir ou simplesmente para opinar, são duas coisas diferentes.

Minha filha tinha apenas 5 anos quando um dia me chamou para ajudar a escolher um vestido. Depois de ter colocado o vestido que ela mesma queria e não aquele que eu tinha escolhido para ela, ela me disse "Obrigado pai por ter me ajudado a escolher um vestido". Naquele exato momento, lembrei-me justamente de que convite para opinar, não é convite para decidir no lugar dela.

Se você tem uma mulher na sua vida, é muito provável que já escutou: amor, o que você acha dessa roupa. Ou: amor, o que você acha dessas sandálias. É justamente isso que o Geraldo tinha escutado da sua amada em um shopping da Florida, nos Estados Unidos.

A Gabriela saiu do quartinho onde se prova as roupas. Ela estava com uma roupa nova e jogava o cabelo de um lado para o outro. Naquele dia, o namorado dela, Geraldo, era um bom acompanhante, bondoso e paciente.

— Amor, o que você acha? — A Gabriela perguntou com uma voz charmosa. O Geraldo olhou para o look de uma mulher transformada em questão de segundos e, na visão dele, com uma roupa espetacular.

— Você esta linda meu amor — disse o Geraldo com esperança de que essa era a opinião que faltava para encerrar o dia de compra. O Geraldo mal sabia que passaria ainda mais de três horas no shopping apesar das opiniões dele. Como homem, isso ficava cada vez mais frustrante. Até que perdeu a paciência e cada vez que a Gabriela perguntava: — Amor, como estou? — Ele respondia: — Está bem, vamos embora.

Depois de passar literalmente a metade do dia naquele shopping, nada foi levado para casa. O casal chegou ao seu destino brigando. Ela reclamava que ele não olhava para a sua roupa, só queria ir embora. E o Geraldo estava frustrado porque a opinião dele parecia não valer nada. A Gabriela dizia que se a opinião dele não valia nada, ela não teria perguntado o que ele achava. Para o Geraldo, o fato de que a opinião dele não era o elemento final para decidir se a roupa seria levada ou não, provava que o que ele dizia era fútil.

Às vezes, a mulher está saindo e pergunta: — Amor, o que você acha dessa roupa? — Ele fala: — Nossa! Ficou linda. — Mesmo assim, ela vai lá e faz o quê? Ela troca de roupa. O homem fica doido. Muitos se perguntam: mas por que ela me pergunta se acaba fazendo o que quer? Saiba que a mulher pode te chamar para decidir ou simplesmente para opinar, são duas coisas diferentes. Convite para opinar não é convite para decidir no lugar dela. A mulher pode te perguntar alguma coisa, mesmo que isso não mude a decisão que ela já tomou.

Elas

Ao lidar com pessoas, precisamos nos lembrar de que não estamos lidando com criaturas que têm lógica. Estamos lidando com criaturas que têm sentimentos.

Dale Carnegie

Elas

VERDADE 2:

Quando a mulher fica chata com razão ou aparentemente sem razão alguma, dê razão pra ela e você terá toda a razão.

Aparentemente "do nada", a Rebeca começou a fazer perguntas para o Pedro. Ele foi respondendo até que, aos poucos, começou a perder a paciência. Quando a Rebeca trazia assuntos do passado, ele simplesmente respondia: — Já falamos sobre isso.

Naquela noite, o Pedro tinha planos de levar a Receba para comer cachorro-quente em um lugar que ambos gostavam muito. Porém, com essa briga toda, ele acabou cancelando os planos. Depois que a situação esfrio um pouco, a Rebeca foi para o quarto e viu uma calça na mesa de passar roupa. Curiosa, perguntou para ele: — Por que você estava passando essa roupa? — E ele inocentemente respondeu: —Pensei que a gente ia sair para comer cachorro-quente.

Acredite ou não, a Rebeca perguntou: — A gente? Quem? — O Pedro não podia ler no rosto dela a vontade de sair, aquele olhar que diz "Então vamos!" A mulher demostra sem falar, pensando que o homem vai perceber ao olhar para ela, mas, ele decepciona. É nesse momento que algumas mulheres voltam a brigar novamente. A Rebeca era desse tipo de mulher.

Como mulher, a resposta firme e forte que a Rebeca esperava quando perguntou sobre a roupa que estava sendo passada e com quem o Pedro queria passear seria: Eu e você. Uma resposta dessa, falada em tom firme e sem gaguejo. Porém, não foi essa resposta que o Pedro deu. Ele optou pelo silêncio. Uma outra briga então se iniciou, até ao ponto de os dois perderem a janta fora e dentro de casa. Dormiram com as bochechas infladas de raiva e a barriga desinflada e com fome.

É lógico que a Rebeca sabia que seria um passeio a dois. Na visão dela, o passeio foi desnecessariamente cancelado. O passeio seria uma oportunidade de fazer as pazes, de rir, mudar de assunto e de se descontrair um pouco.

Quando a mulher está em casa, ela pode te receber de cinco formas diferentes:

a) Com um simples: — Oi, amor!
b) Com silêncio.

c) Com um abraço, pulando no seu colo, te mimando e fazendo carinhos em você.
d) Relatando uma história logo que você aparece na porta.
e) Com uma pergunta seguida de mais outras 50 perguntas, todas sobre coisas que você esqueceu de fazer desde o início do casamento. Perguntas sobre o armário que ela te pediu para consertar há meses, as portas que não fecham, o carro que você ainda não levou ao mecânico, as meias que você sempre deixa embaixo da cama, as contas que não pagou, enfim... cobranças.

Para muitos homens, ser recebido com silêncio ou com perguntas geralmente é sinal de que um confronto sem cronometragem para acabar está prestes a se iniciar. Mas, para muitas mulheres, uma briga sem fim nunca foi sua intenção. A mulher fala com expectativa de que ele vai dar importância aos assuntos e vai entender. Do outro lado, o homem escuta por alguns minutos com expectativa de que ela vai ser breve, aliás, de que muito brevemente ela vai parar de falar. Infelizmente, cada resposta que o homem dá só complica um assunto que parece não ter lógica nem hora para acabar e, para a maioria dos homens, o pior de tudo isso é que parece que não há chance de que isso acabará tão cedo. Parece que a mulher já sabe o que o homem vai responder, ela não o deixa terminar a frase ou o assunto. Ela pula de um assunto para outro e volta nos assuntos anteriores. Em alguns casos, quando o homem termina de falar, o assunto já mudou, então parece que ele acabou de dar uma resposta irrelevante — ou fora do tempo. Os assuntos vão mudando enquanto o homem tenta formular respostas para perguntas prévias. A língua de uma mulher irritada é mais rápida que um avião de guerra.

    Existem momentos em que o homem tenta se explicar, mas a mulher começa a chorar, interrompe e pede desculpas e o homem fica sem entender por que ela está pedindo desculpas. Ele fica sem entender tanto o que ele fez quanto o que ela fez. Ele se pergunta por que ela está pedindo desculpas se há poucos minutos ele é que era o culpado. Tudo acontece na velocidade de um foguete: ela simplesmente queria desabafar. Pois é, quando a mulher fica chata com razão ou aparentemente sem razão nenhuma, dê razão para ela e você terá toda a razão.

O modo mais comum de expressar admiração é dar um elogio Direto e Positivo. Este tipo de elogio informa a pessoa, de forma direta, o que você aprecia no que diz respeito ao comportamento, aparência ou possessões dela.

Allan & Barbara Pease

Elas

VERDADE 3:

A mulher gosta quando você fala que ela está bonita, mas ela se apaixona ainda mais quando você explica por que ela está bonita: o batom que combinou com a roupa, as sandálias, o cabelo, a maquiagem, o vestido, como ela sabe escolher roupas, enfim... detalhes.

— Amor, estou bonita?

Gisele perguntou para o Alexandre. Sem fazer questão de olhar para ela, ele respondeu: — Sim, meu bem — Quando a Gisele fez a pergunta, ela não estava olhando para ele, ela estava de frente para o espelho. Depois de ter feito a pergunta, ela então deu as costas para o espelho. Porém, a Giselle se deparou com as costas do Alexandre.

— Amor, você nem olhou pra mim!

Ela disse com voz de desacreditada. Olhando de frente para ela desta vez, o Alexandre se deparou com uma bela mulher. Ela tinha feito o cabelo e as sobrancelhas. No pé, ela tinha sapatos novos que combinavam com o seu vestido novo e elegante.

O Alexandre não precisava inventar um texto poético, pois a poesia já estava pronta. Na elegância dela se projetava um belo poema. Só bastava ele observar e descrever em voz alta tudo que ele estava vendo. A poesia estava escrita em três estrofes. O Alexandre poderia ter falado do que ele estava vendo da cabeça ao pescoço, depois, do pescoço à cintura e da cintura aos pés. Da cabeça ao pescoço, ele poderia falar dos cabelos, das sobrancelhas e da maquiagem. Do pescoço à cintura, ele poderia falar da blusa, ou até de alguns detalhes da roupa que se destacavam. E da cintura aos pés, ele poderia falar da saia, das sandálias, das unhas do pé e da elegância dela.

Em seu livro *People Skills for Life*, os autores Allan e Barbara Pease falam sobre três coisas que podemos elogiar: o comportamento de uma pessoa, sua aparência ou algum bem material que ela possui.

Aplicando esse conhecimento a um casal, se pode elogiar o comportamento, dizendo, por exemplo: *Você é uma boa mulher pela atenção e o cuidado que tem comigo, adoro estar ao seu lado.*

Podemos também elogiar a aparência: *Você está elegante, esse "look" está ótimo em você porque combina com o seu tom de pele.*

E, por fim, podemos elogiar um bem material que a pessoa tem: *Suas sandálias são lindas, elas parecem macias e esses detalhes nelas as destacam.*

Já que o elogio sobre o comportamento é o mais eficaz, diríamos para a esposa: *Você está linda, você sabe escolher as cores certas.* Pode-se também elogiar uma mulher dizendo: *Você é uma boa mãe para a nossa filha porque cuida de cada detalhe. Além disso, você é uma mulher lindíssima para mim por causa do jeito que se importa comigo.*

Os olhos nos ajudam a ver, mas é o coração que nos ajuda a perceber as pessoas. Quando você fala para uma mulher que ela está bonita, você demonstra visão, mas quando começa a falar de detalhes, você demonstra percepção. A apreciação da beleza de uma mulher não se faz com pressa, ela requer paciência, requer poesia. É assim que fez o rei Salomão ao escrever um livro inteiro, pois a beleza também não se cria com pressa, leva tempo para se maquiar, fazer *tranças, unhas ou* escolher uma roupa. Leva tempo para escovar aqueles cabelos longos parecendo uma cachoeira de águas cristalinas, leva tempo para fazer cacheados, leva tempo para se cuidar. Às vezes, essa produção toda é feita para passear ao lado do amado. Esse esforço todo, comparado com uma fração do seu tempo para elaborar um elogio bacana não custa nada. Sim, a mulher gosta quando você fala que ela está bonita, mas ela se apaixona ainda mais quando você explica por que ela está bonita.

Ele nos conforta em todas as nossas aflições para que, com o encorajamento que recebemos de Deus, possamos encorajar outros quando eles passarem por aflições.

Biblia sagrada.

Elas

VERDADE 4:

O peso visível que o homem levanta fortalece o seu próprio peito, mas o peso invisível que a mulher levanta fortalece o coração do outro. Ela liga, visita, pergunta, chora junto — a mulher conversa muito além do superficial.

      O Lucas saiu de casa e falou para a Natália que estava indo visitar seu amigo João que não conseguia se recuperar desde o dia que se machucou jogando bola. Com toda pressa, o Lucas tomou banho, passou perfume e saiu. A correria do dia a dia não deixava que ele visitasse o seu amigo. Mas nesse dia, ele tinha decidido que após o trabalho, apesar do cansaço ele daria uma passadinha na casa do seu grande amigo.

      Lucas partiu para a casa do João e o encontrou com uma perna em cima da cadeira. Depois de fazer algumas brincadeiras, zoando um do outro, os dois passaram para um outro ambiente que tinha uma tela para jogar vídeo games. Algumas horas depois, o Lucas voltou para casa.

Natália estava quase dormindo, mas queria esperar seu amado que havia ido visitar o amigo. Depois de duas perguntas sobre o amigo, a Natalia começou a perguntar sobre os filhos do João, a esposa etc. Para diversas perguntas da Natália, as respostas do Lucas eram idênticas e um tanto irritante: — Não sei, não sei, não sei. — A Natália então começou a se questionar se todas essas horas foram passadas unicamente na suposta visita. A partir desse relatório maldado — do ponto de vista da mulher — uma briga sem culpado se iniciou. Ela trocou o pijama de estilo "verão" que tinha, por um outro muito maior que podia caber três pessoas dentro. Naquela noite, a festa foi cancelada.

Geralmente, quando um homem tem problema e é visitado por seus amigos, eles jogam vídeo games, futebol, distraindo o amigo do problema na esperança de que ele encontrará uma solução para seu problema. Às vezes, os homens se consolam uns aos outros se distraindo do problema. Do outro lado, a mulher consola uma à outra falando do problema, chorando sobre o problema, e possivelmente saindo dali com um plano de ação. Uma mulher pode deixar a amiga sugerir, ou até digitar as palavras de término de um relacionamento. Uma digita e a outra simplesmente aperta o ENVIAR. Depois, ambas vão para o quarto e choram. As mulheres são cooperativas, ao contrário dos homens que são competitivos.

Elas

A maioria dos homens sentem-se próximos de alguém quando eles são úteis, enquanto as mulheres sentem-se íntimas de alguém quando são apreciadas.

Hellen fisher

Elas

VERDADE 5:

Nenhum amor dura para sempre, o amor se cultiva para sempre. Se não for assim o amor morre e, quando morre, às vezes já morre para sempre.

Com quem será que a Samara vai se casar? O Davi tinha se destacado de todos os pretendentes dela. Ele não apenas dava flores, mas fazia com que a Samara se sentisse como uma flor. Conquistar a Samara, que já não acreditava mais em relacionamentos, ou seja, nos homens, não foi fácil para o Davi. Com jeitinho e paciência, amizade e cumplicidade, o coração da Samara foi se abrindo e finalmente cedeu. Quando as pessoas perguntavam como foi, a resposta da Samara sempre era: — Não sei.

Mas logo em seguida a Samara falava do que destacou o Davi dos outros pretendentes.

A Samara era o centro da atenção do Davi. Ele a acordava com um bom dia e um emoji de beijo. Na metade do dia, não faltava aquele:

Nossa! O dia já está pela metade. Nenhuma data comemorativa passava em branco. Eram chocolates pra cá e flores pra lá. Além de demostrar amor e carinho, o Davi verbalizava o amor dizendo: — Eu amo você, Samara, te amo muito. — A amizade é a melhor forma de iniciar um relacionamento, e foi bem assim que iniciou o namoro que levou a Samara e o Davi ao casamento naquela primavera de 2017.

Um filme é sempre fiel ao *trailer*. Porém, o namoro nem sempre é o *trailer* do casamento. Em outras palavras, o namoro nem sempre é uma amostra fiel de como será o casamento. Conviver antes do casamento é ainda pior, pois estudos demostram que morar juntos antes de casar não elimina o risco do divórcio, aliás, aumenta. Você pode viver cenas completamente diferentes daquilo que foram mostradas no período de namoro. Na internet, já existem vários memes sobre o período de namoro versus o terceiro ano de casamento. Mais do que pensar que as pessoas mudam, eu creio que devemos pensar que o tempo revela a pessoa e as suas atitudes, ela querendo ou não. Uma jovem me falou que se davam muito bem e o seu relacionamento atual era muito melhor do que todos os anteriores. Perguntei por quanto tempo se conheciam, ela falou: — Já estamos indo para o quarto mês. Ela mal sabia que estava vivendo o período que se chama a lua-demel do relacionamento.

O salário-mínimo do amor é dar atenção, agradecer por tudo que ela faz, dar flores ou chocolates de surpresa, reparar no cabelo dela, nas unhas, respeitar e dar valor. O amor é como uma semente e não uma fruta. Uma semente precisa ser regada e cuidada para crescer e ser usufruída. Depois que a semente cresce, ela se torna uma fruta e é consumida. Novamente, a semente dentro da fruta tem que ser plantada, regada e cuidada. Esse processo pode se repetir várias vezes. Quando o homem se cansa de plantar, regar e cuidar, é aí que o processo se encerra e começa a fome — a fome de amor, paz e prosperidade da vida amorosa.

Existem pessoas que só usufruíram do amor durante alguns dias, algumas semanas, poucos meses, ou apenas alguns anos. Para usufruir do amor de maneira constante, é preciso lembrar constantemente que o amor é como uma semente, e não uma fruta que você come e nunca mais terá fome. A minha falecida esposa, a professora Xiomara, costumava dizer que o amor precisa ser confirmado a cada dia. Quando bem cuidada, a mulher floresce. O amor também, quando bem cuidado, ele é lindo e motivador. Nenhum amor dura para sempre, o amor se cultiva para sempre.

Elas

Eu tenho vários amigos com carreiras Profissionais impressionantes, amigos maravilhosos e um cônjuge que amam. Mas eles não estão felizes, pois seu cônjuge não são seus parceiros.

Scott Galloway

Elas

VERDADE 6:

A mulher pode fazer muitas coisas ao mesmo tempo. Porém, de todas as coisas que ela pode fazer simultaneamente, a tarefa mais difícil é ser uma mãe e um mulherão sem ajuda de um bom marido que motiva, toma conta dos filhos e divide as tarefas de casa.

Com cabelos longos parecendo uma cachoeira de águas cristalinas, uma leve maquiagem, dentes brilhantes, calça e blusa lindas, toda sorridente, bonita e inteligente, a Camila não chamava apenas a atenção, ela roubava a emoção dos rapazes do bairro e da faculdade.

A escolha de roupas, da maquiagem, do batom, e cor das unhas começa com um motivo para se fazer tudo isso. Quando há casamento de um amigo, convite para um jantar, almoçar na casa de amigos, ou festa de Natal, a mulher se transforma em uma deusa que estava simplesmente em recesso. Mas a vida de uma mulher casada e com filhos não precisa ser de uma deusa em recesso e, em alguns casos, uma deusa ferida e morta por dentro, sobrecarregada com o seu cotidiano monotônico.

Às vezes, tudo que uma mulher precisa é apenas um motivo para investir na sua aparência. A aparência faz parte do estado de ânimo de uma mulher. Isso não é unicamente com intenção de atrair homens, mas porque a aparência de uma mulher reflete o que ela está sentindo por dentro, e o valor que ela dá a si mesma.

Quando o Gilmar se casou com a Camila, não apenas ela, mas ambos eram um casal top das galáxias. Eles não gastavam dinheiro de maneira descontrolada, mas investiam tempo e davam importância à sua aparência. Eles eram aquele casal estiloso. Não pelo preço das suas roupas, mas pelo cuidado um com o outro, pela roupa bem passada e cores que combinavam.

A vida foi acontecendo, os filhos nasceram e as prioridades foram mudando. Os filhos se tornaram a prioridade dos dois, colocando a sua vida de casal no banco de trás. A psicóloga Esther Perel uma vez disse: "o sexo gera filhos, e os filhos matam a vida sexual de um casal." Esse trampo de priorizar os filhos e deixar de lado a vida de casal não se desfaz depois que os filhos crescem e vão embora de casa. Um casal que se enxerga como pais, mesmo na ausência dos filhos, dificilmente volta a se enxergar como amores. A tarefa de um casal não é unicamente cuidar dos filhos. A intimidade que fez os filhos existirem não pode parar com o existir dos filhos. Existem casais que se separam depois que os filhos crescem. Não é culpa dos filhos, nem do tempo, e muito menos da vida. O problema foi ter priorizado tudo e todos, menos os dois.

A batalha de se manter linda, elegante e atraente para si mesma é mais pesada para as mulheres, pelo menos nos tempos que vivemos. Não é para dizer que a vida dos homens é uma vida de lazer e prazer. Para uma mulher que passa a maior parte do dia cuidando dos filhos e dos afazeres da casa, a tentação de não trocar de roupa, se maquiar e caprichar nos cabelos é muito grande. Porém, quando tem oportunidades de trocar de ambiente, a oportunidade de trocar de roupa aparece, e quando troca de roupa, maior é a possibilidade de mudança de ânimo. A monotonia mata a beleza de uma mulher e sua autoestima. E se todo esse fardo não a tornar doente, a tornará chata e desmotivada... às vezes sem perceber.

Costumo dizer que dificilmente uma mulher que é mãe "só" vai ficar em casa. Para começar, nem sempre ela está "só" ou trancada dentro do quarto jogando vídeo games. Muitas vezes, ela está gritando "Pedro, desce daí, pára de empurrar a sua irmã". Essa tarefa cansa a voz, os olhos, o corpo, a alma, e deixa a mulher esgotada no final do dia. O pior de tudo nem é isso. O problema é ficar nessa monotonia por dias, semanas, até mesmo anos sem sair para passear, tirar tempo para ficar só com as amigas, ou uma simples saída para tomar sorvete e andar a dois de mão dadas no quarteirão, enquanto a sogra cuida dos netinhos. Os netos são a alegria dos avós. Isso pode ser a contribuição positiva deles para o seu casamento. Se a sogra não gosta de você, aproveite do amor dela pelos netos.

Se a mulher "só" ficasse em casa, o arroz e o feijão estariam na prateleira do mercado e não nas panelas, as crianças não teriam a metade da idade e nem da saúde que têm. Dá para entender que uma mulher que é mãe não "só" fica em casa? Que seja fora ou dentro de casa, ela está trabalhando, ela está se doando. Machos não jogam o lixo fora, isso é coisa de menino. Machos ajudam a LIMPAR a casa toda para que a sua parceira não pare de ser um mulherão só porque ela se tornou uma mãezona. Ela deve colocar salto alto, passar batom, fazer caminhadas, unhas e cabelos, estourar o cartão do maridão. Poucos homens sabem que quando a mulher é feliz, ela se torna uma mãe ou uma esposa ainda mais espetacular.

Elas

Elas

Se você é homem, não interprete cada pequeno gesto que a mulher faz como um sinal do interesse sexual dela em você.

Helen Fisher

Elas

VERDADE 7:

Quando a mulher diz "estou carente" nem sempre ela quer dizer que quer sexo.

O sexo não sacia todos os desejos da mulher, muito menos o desejo de se sentir amada e ouvida. A Verônica escreveu para o seu love durante as horas de trabalho. Naquele dia, até que o Pierre chegou em casa mais cedo. Essa iniciativa de ter chegado em casa um pouco mais cedo foi boa, mas só isso. O tempo foi passando e ficava cada vez mais claro que a interpretação do Pierre foi outra.

— Você leu a minha mensagem? — perguntou a Verônica, tentando refrescar a memória dele.

— Que mensagem? — o Pierre perguntou inocentemente. Desacreditada, ela abanou a cabeça e falou: — Deixa para lá.

O Pierre tinha chegado em casa um pouco

mais cedo, deu um forte abraço nela e um beijo. Até aí tudo bem. Depois disso, ele foi para o quarto e alguém ligou. Eles ficaram conversando durante uns 50 minutos, rindo e contando piadas. Do outro lado, a Verônica batia os dedos na mesa, em sinal de impaciência. Quando o Pierre finalmente desligou o telefone e voltou para falar com a Verônica, o estado de ânimo dela não estava mais onde ele o deixou. Ele queria continuar abraçando e fazendo carinhos nela, mas o relógio emocional da Verônica tinha voltado ao ponto Zero.

— Não me toque — ela falou. O Pierre então se sentiu rejeitado e julgado injustamente por ter atendido o telefone.

— Não posso atender o telefone? — ele perguntou. A Verônica então respondeu: — Sim, você pode falar ao telefone até amanhã se você quiser. — Claro que, fazendo o que ele queria, ele não teria o que queria. Sem deixar que o Pierre respondesse, ela continuou:

— Perguntei se você leu minha mensagem. — Um pouco chateado, ele respondeu: — Não — então ela disse: — Sim, você visualizou. — Ele, então, deu uma outra tentativa de resposta:

— Aquela mensagem que você me disse que estava carente? — Ela respondeu: — Não — Ele, então, ficou confuso e perguntou: — A mensagem de ontem? — Mas ela respondeu: — Não! Estou falando da mensagem de hoje. — Ele perguntou ainda mais confuso: — De hoje? — Querendo ajudar, ela deu a resposta dizendo:

— Eu disse que estou carente — Ele então sentiu que ela estava fazendo ele de besta e retrucou: — Foi isso que falei e você disse que não. — Com lágrimas nos olhos, ela explicou: — Eu não te disse que ESTAVA carente, eu te disse que ESTOU carente.

Tem noites que a mulher não gosta de intimidade apenas para finalizar o dia, mas para finalizar uma conversa agradável entre quatro paredes, uma risada, um cafuné gostoso, um toque nos cabelos, uma massagem no corpo todo, elogios sem fim, e por fim, só isso. Nem toda noite é noite de acrobacias, terremoto no quarto e incomodar os vizinhos. Não é que as mulheres não gostam de sexo tanto quanto os homens. O fato é que, para a maioria das mulheres, flores e gentileza devem antecipar qualquer coisa. Sexo, flores, presentes e carinho podem melhorar o seu casamento... desde que tudo, menos o sexo, venha primeiro. A ordem dos fatores pode alterar ou cancelar o produto.

Homens dão flores para conseguir sexo e as mulheres fazem sexo para conseguir flores. Este é o segredo simplificado para se obter um bom casamento.

O sexo conjugal está longe daquilo que se vê nos filmes e novelas. A aventura de uma noite não garante que haverá aventuras todas as noites. Aliás, na vida matrimonial, o dia vale mais do que a noite. As perguntas do tipo "Amor, hoje tem?" só servem para irritar e não estimulam uma mente tão complexa como a da mulher. Tem dias que é preciso ser um pouco mais poético que isso, mais carinhoso e cuidadoso. A televisão omite uma coisa sobre sexo: a intimidade não começa ao tirar os sapatos de uma mulher, mas ao se colocar nos sapatos dela. Essa é a realidade que sustenta a vida íntima e prazerosa do casal. Ideias pornográficas não são conhecimento sobre sexo... e muito menos sobre a mulher.

O sexo é como o fogo e nenhum fogo é eterno. Se for de gás, tem que pagar a conta e se for de lenha, tem que ficar soprando. Se não for assim, uma hora o fogo apaga. Falta de atenção e de carinho, o mal uso do vaso sanitário, surpresas nos boletos para pagar e descuido nas finanças, falta de tempo para ela ou para as crianças, falta de conexão e apoio emocional, falta de elogios e de afeto, priorização de tudo exceto dela, desfeita de coisas importantes para ela, brigas sobre as mesmas coisas — tudo isso vai apagando o fogo.

O amor também é, e igualmente, sobre ser tocado pelas fragilidades e tristezas do outro...

Alain de button

Elas

VERDADE 8:

Existem dores que não precisam ser aliviadas e sim sentidas na pele. Algumas feridas só secam com o álcool das lágrimas. Enquanto não chorar, não passa; enquanto não passar, não cura; enquanto não curar, não cicatriza.

No primeiro ano de casamento, a Silvana chorava muito, mas muito mesmo. O seu noivo André, agora marido, não conhecia esse outro lado dela.

— Mas porque você chora tanto? — o André um dia perguntou e acabou gerando uma briga que provocou ainda mais choros na esposa. Ela chorava quando ele não trazia flores para ela, mas também chorava quando ele trazia flores. Ele não sabia lidar com essa situação até que um dia perdeu a paciência e falou: — Se você não me quer, a porta está aberta. — Tudo era novo para o André, mas para a Silvana, a situação também era nova. Ela nunca tinha saído da casa da mãe dela, uma mãe solteira que foi abandonada por um marido abusivo. A Silvana estava feliz por ter se casado, mas também estava com uma mistura de felicidade, medos e incertezas.

Agora casada, na mente dela passava as imagens de um lar infeliz. Não era a casa dela com o André, mas a casa onde ela cresceu com os pais ates os seus 7 anos de idade que voltava à sua memória. Às vezes, chorava para cicatrizar as feridas antigas; às vezes, chorava para virar a página. Para deixar alguns choros para traz, às vezes a mulher precisa chorar.

As cicatrizes do coração precisam de curativos até que seja seguro expô-las. Diferente das cicatrizes da pele, elas retornam a ser feridas e sagram novamente quando são tocadas por pessoas insensíveis. A Silvana estava aos poucos se abrindo para o marido, aos poucos deixando ele ver as feridas causadas pela vida. Pela primeira vez, ela contou a ele sobre a sua infância, uma infância dolorosa. A Silvana contou para o André sobre as suas fugas, as suas esperanças e os seus refúgios.

Quando foi a última vez que você chorou? Eu costumo fazer essa pergunta para as mulheres. As respostas que recebo são surpreendentes. Algumas choram pelo menos uma vez por mês, outras uma vez por semana e outras, a cada três dias, tem algum episódio que as fazem chorar. Isso quer dizer que ter como objetivo não ver a sua amada chorar é praticamente impossível, tão impossível como ver o camelo entrar pelo buraco de uma agulha. Você não precisa se desesperar, ou se culpar sempre que vê-la chorando. A mulher geralmente chora por cinco tipos de problemas:

a) Problemas que não têm solução
b) Problemas que têm solução
c) Problemas que se resolvem sozinhos
d) Problemas que você ou ela tem que resolver
e) E problemas que já foram resolvidos

Existem momentos que a mulher esconde suas lágrimas, e não apenas a mulher, mas todos nós. Existem momentos que não queremos ser chamados de fracos, mesmo em meio a uma situação realmente desesperadora. Porém, precisamos lembrar que chorar também é uma forma de se expressar. Podemos nos expressar com palavras, gestos ou lágrimas. Quando uma mulher chora, é preciso se perguntar o que ela está dizendo. Alguns choros são questionamentos, outros são entendimentos. Alguns são rejeições e outros são aceitações. Alguns choros têm a ver com você ou com ela mesma. Outros choros, não têm a ver com nenhum de vocês dois nem qualquer outra pessoa. Quando uma mulher chora, não pergunte: *Por que você está chorando?* Ou, pior ainda, não diga: *Pare de chorar.* Um homem sedutor não pede que você pare de chorar, ele te *faz* parar de chorar. Com o seu jeitinho de mimar, o toque carinhoso nos cabelos e na pele, a habilidade de propor atividades ou passeios que aliviam a dor, qualquer mulher se apaixona por um companheiro atencioso desses.

Eu não estou brigando, só estou explicando por que estou certa.

Mehdi Hasan

Elas

VERDADE 9:

A mulher gosta de homem que sabe manter a calma e não se deixa levar pela chatice dela. Tem dias que a mulher é chata e insuportável sim!

— Como contornar essa situação? — se perguntou o Renato. Naquele dia parecia que tudo era motivo de briga. Até o jeito que ele sempre bebeu água.

— Nossa! Por que você bebe água desse jeito barulhento? Dá para te ouvir a 5 quilômetros — disse a esposa.

E foi desse jeito que começaram as primeiras horas do dia do Renato. Mas, ele conseguiu sair de casa para o trabalho sem nenhuma briga com a Leia, sua esposa. Na hora de sair, ele quase deixou a porta aberta, mas rapidamente fechou. O vaso sanitário estava limpo, nenhuma meia na cama, nenhuma colher suja em cima da mesa e nenhum sapato estava cheirando mal no quarto.

    Em nenhum momento o Renato chamou sua esposa de chata naquele dia. Voltando do trabalho, a Leia não resistiu a tentação de perguntar: — Amor, estou chata hoje? — Mas sem dar muita importância à pergunta, o Renato respondeu: —Estou de boa — e dois morreram de rir. No dia seguinte, a Leia recebeu uma visita biológica, aquela que as mulheres receberem todo mês. Para o Renato, não era só uma lenda a história de que tem dias que a mulher é chata e insuportável.

    Tem dias que a mulher abre os olhos e já começa a "cobrar". Geralmente tudo começa em forma de perguntas: — Amor, você já ligou para a companhia de seguro? — Às vezes, ao invés de o homem responder com um simples "não", ele responde dizendo: — Vou ligar hoje. — Ela, então, comenta: — Mas faz uma semana que você fala "hoje vou ligar". — O homem responde com convicção: — Hoje eu ligo. — Tentando dar a impressão de que finalmente chegara o dia em que ele realmente ia ligar. Se por ventura ele, de fato, já ligou e responde: — Sim, meu bem, liguei e já está tudo acertado só que esqueci de te falar — A mulher então faz múltiplas outras perguntas até que encontra um motivo de briga. Será que ela queria brigar ou estava simplesmente verificando se a casa está em ordem?

Algumas mulheres chamam esse comportamento de "vontade de querer matar alguém". Isso é cientificamente abreviado como "TPM". Será que realmente existem dias nos quais a mulher quer brigar ou são simplesmente dias que ela quer se sentir mais segura, ter certeza de que cada coisa está em seu devido lugar? Só elas mesmas podem responder.

Elas

Eu não sabia, antes de me casar, que todos os dias da minha vida.... eu discutiria o tom da minha voz.

Mehdi Hasan

Elas

VERDADE 10:

Quando uma mulher irritada te pede para repetir o que você acabou de falar, é porque ela está te dando a chance de CONSERTAR o que você acabou de falar.

Era óbvio que a Martha estava muito machucada com as palavras duras do Levi. Lágrimas não paravam de rolar, borrando a maquiagem e manchando o novo vestido lindo que ela tinha comprado para a festa.

A briga foi feia, muito feia para um casal que estava bem-vestido, vindo de uma festa na casa dos amigos. Tudo começou quando uma mulher solteira, amiga de ambos, elogiou a barba do Levi enquanto a Martha, esposa dele, há meses vinha pedindo que ele cortasse a barba.

— Que barba charmosa — a amiga falou. Ao ouvir esse comentário, o Levi deu um abraço extra para a amiga e agradeceu, como se dissesse: *pelo menos alguém gostou da minha barba*. Dentro do carro, ao voltar para casa, o Levi tentou puxar assunto com a Martha, mas nada fluía.

— Vamos brigar de novo por causa dessa barba? — o Levi perguntou. Sem olhar para ele, ela respondeu: — Não. Pode deixar crescer um pouco mais já que sua amiga gosta — Essa resposta foi a gasolina que o fogo precisava para detonar a casa.

— Só porque tenho outra pessoa que gosta do meu novo "look" você vai se incomodar?

Com a mão na cintura, a Martha falou para o Levi: — O que você falou? Repete isso.

Quando a mulher fala *Repete!* não é clareza que ela está pedindo, mas conserto. Por que então não aproveitar dessa segunda chance para reformular algo mal falado que vai piorar a situação? Na frase do Levi houve as palavras *tenho uma outra pessoa* ao invés de simplesmente *outra pessoa*. As palavras *tenho uma outra pessoa* não pareciam certas para a Martha que já era uma mulher ciumenta. A Martha perguntou logo em seguida: — E se eu tivesse uma "outra pessoa" no meu trabalho para me falar como sou bonita e como gosta da minha comida? Isso seria certo?

O casal que tinha saído de casa juntos, naquela noite dormiram separados, provocando um no outro ciúme desnecessário. Como homem, a mente do Levi começou a editar as frases que falou à sua amada. Na mente dele, a frase "e se eu tivesse uma outra pessoa no trabalho" tornou-se "eu tenho uma outra pessoa no trabalho". E o comentário sobre a comida agora era a razão dele pensar que a Martha levava muita comida para o trabalho, acordava mais cedo que o necessário para fazer uma boa comida, só para impressionar "o outro". Quem seria esse "outro"? Essa era a pergunta pertinente que o FBI da cabeça do Levi tentava descobrir. Seria o chefe dela que tem mais dinheiro? Seria aquele colega de trabalho que sempre anda de camisa aberta? Ou aquele homem bonzinho que sempre oferece uma carona para ela e uma vez a deixou no portão de casa. O Levi estava perturbado porque pelo menos a menina que gostou da barba dele era conhecida, mas esse "outro" personagem da história era um mistério. Mal sabia o Levi que tudo isso era imaginário, inexistente, pensamentos provocados por uma briga de ciúmes. Porém, quanto mais demostrava ciúmes, mais a Martha se sentia satisfeita com a vingança. O ciúme consume o tempo de um casal. Um bom homem sabe apreciar a beleza de uma mulher sem ser tentado por ela. E uma boa mulher sabe apreciar a eloquência e elogios de um homem sem ser seduzida por isso. As pessoas que te conhecem te amam, mas pessoas que não te conhecem apenas se impressionarão com uma parte do seu jeito de ser. Nunca deveríamos trocar nem confundir admiração por amor. As pessoas que te admiram nem sempre te amariam.

Quando uma mulher irritada te pede para repetir o que você acabou de falar, é porque ela está te dando a chance de CONSERTAR o que você acabou de falar. Quando você mudar de papo e ela insistir para você repetir o que acabou de falar, olhe nos olhos dela e diga: — Eu não tenho coragem de repetir o que acabei de falar. — Às vezes, admitir que você não tem coragem não é fraqueza, mas uma virtude.

Mais cedo ou mais tarde, todo relacionamento chega a um certo estágio em que você se pergunta por que cargas d'água você escolheu essa pessoa. Isso é normal. É o que você faz quando isso acontece que faz toda a diferença.

Avodah Offit

Elas

VERDADE 11:

De manhã, a mulher pode estar reclamando que não tem uma roupa para usar na festa e, na tarde do mesmo dia, ela pode reclamar que não tem espaço nos guarda-roupas.

    Muitas mulheres provam pelo menos duas roupas antes de decidir com qual ela vai sair. Quando o Rafa entrou no quarto, se deparou com uma cama cheia de roupas, uma pilha de sapatos fora das gavetas e bolsas na cama.

    — Não tenho o que usar amanhã — a Talita falou para ele.

    — Como assim? E esse monte de roupas? — o Rafael perguntou. Depois de provar umas duas roupas, a Talita perguntou para o Rafa: — O que você acha dessa roupa? — O Rafa respondeu que estava legal. Apesar da resposta dele, ela não parou de experimentar outras roupas. Isso irrita os homens porque pensam que uma vez que deu a sua opinião, o experimento acaba por aí.

— E essa roupa, Rafa?

— Nossa! Essa ficou ainda melhor — respondeu o Rafa, mas a Talita não estava gostando de roupa alguma. A Talita não sabia dirigir, então fez um pedido surpreendente para o Rafa.

— Podemos ir ao shopping rapidinho? — sem hesitar nem piscar o olho, o Rafa perguntou: — Para quê? — Já com a mão na cintura, ela respondeu: — Você não está vendo que não estou achando nada para usar amanhã? Não estou te pedindo dinheiro, e se não quiser me levar eu vou de táxi. Mas você tem que vir me buscar porque não dá para andar sozinha à noite com várias sacolas de compras. — O Rafa não entendia o porquê de fazer compras se ela já tinha tantas outras roupas na cama e no guarda-roupa. O Rafa ficou ainda mais confuso sabendo que a mulher pretendia sair do shopping não com uma sacola, mas com várias, como se o guarda-roupa estivesse vazio. Essa agitação toda era para uma única festa.

A Talita foi mais cedo para a festa com uma amiga, pois precisava ajudar nos preparativos. Nessa festa, a Talita foi com blusa nova, sapato novo e bolsa nova. Mais tarde, quando o Rafa chegou com as crianças, ela percebeu que ele não havia vestido a camisa que a ela havia passado para ele e deixado em cima da cama e apareceu na festa com uma roupa comum, sua roupa de sempre.

Alguns olhares de casal são universais, especialmente aquele olhar da mulher dizendo "não acredito". Quando o Rafa se aproximou da esposa, ela falou para ele: — Não estamos combinando. Cadê a camisa que deixei passadinha em cima da cama para você? Não falamos que íamos combinar a roupa?

A Talita gostava de ser elegante e ter a família inteira bem arrumada e de preferência combinando a roupa nas festas e na igreja. Ela era uma dessas mulheres que olham para o esposo e fala: — Já que você está com essa gravata, vou trocar de sapato — ou — Deixei na cama a sua camisa que combina com a minha blusa.

Já o Rafa, não era muito fã de ter um visual alinhado. Essa diferença de gosto sempre roubou a paz do casal na hora de sair para uma festa ou para os cultos da igreja.

Elas

A tristeza é uma das emoções mais prolongadas.
Paul Ekman

Elas

VERDADE 12:

Quando a mulher pára de chorar, não adianta mais querer fazer o que ela te pedia chorando.

Para muitas mulheres, é difícil desfazer uma decisão tomada depois de muitas lágrimas. A mulher vai sempre chorar, mas o perigo é fazê-la chorar sempre pelo mesmo motivo. Cada lágrima que ela derrama é como um quebra-cabeça que acaba dando forma a uma grande decisão. Um dia a porta da graça vai se fechar e você pedirá por uma segunda oportunidade.

Quando a mulher fala, você precisa tomar uma atitude e agir. Quando ela cansar de falar, é ela que vai agir. Aí você vai querer falar, mas será tarde demais. Infelizmente, quando a mulher age, ela não fala mais. Às vezes, nem confessando você consegue ganhar de volta a confiança de uma mulher.

A Samira era quem sempre chamava o Leandro para conversar. Ela sempre era a culpada em quase tudo. Para não passar a noite chorando ao telefone, ela buscava o Leandro e faziam as pazes. Muitas das brigas paravam por cansaço ou por qualquer outro motivo, menos por resolução. Isso acontecia desde os primeiros meses de namoro. A paixão é como a chuva no para-brisa do motorista. Você vê as coisas, mas não com tanta claridade. Depois de perceber que a única pessoa precisando de uma segunda chance era ela, colocou um ponto final no namoro.

Algumas segundas chances que damos, são oportunidades perdidas de ter caído fora de um relacionamento que não valia nem um centavo. A Samira terminou com o namorado e foi a melhor decisão da vida dela.

Se você trabalhar demais, seu cônjuge e filhos sofrerão. Se você gastar tempo demais fazendo algum trabalho em casa, sua aparência sofrerá. Se todo dia você ficar de um lado para outro correndo com uma lista enorme de coisas para fazer e nunca descansar, você ficará cansado demais para fazer exercícios ou fazer amor...

Ellen Fein and Sherrie Schneider

Elas

VERDADE 13:

As mulheres não querem que os homens façam duas coisas ao mesmo tempo, mas que façam algo o tempo todo.

Vocês já voltaram para casa, ambos cansados e de repente não sabe de onde a mulher tirou energia para arrumar a bagunça, lavar a louça e começar uma faxina na casa que parece não ter fim? Essa força que a mulher tira não sei de onde, sem perceber, acaba esgotando todas as energias dela com o passar do tempo. Existem homens que não ajudam em nada, mas também existem momentos que a melhor coisa de se fazer é fazer absolutamente nada. Dar a você mesma o prazer da preguiça saudável que não mata nem empobrece ninguém não é pecado.

Ricardo e Vera eram recém-casados. Para manter o padrão de vida que ambos queriam, tinham que trabalhar muito. O dia dele era corrido, o dela também. Esse casal não tinha problema nas suas rotinas fora de casa. O problema era a rotina dentro de casa. Ele chegava em casa querendo tomar banho, comer e assistir televisão. Ele não se importava em ajudar ou colaborar na cozinha em momento algum. Para ele, somente as prioridades deveriam ser feitas. Essas prioridades incluíam fazer comida, mas não lavar a louça logo em seguida, e muito menos a faxina sem fim. Para ele, não tinha por que lavar roupas tão frequentemente sendo que ele podia repetir as roupas e meias até chegar o fim da semana.

A Vera já era daquelas mulheres que não suportam ver o mínimo de bagunça na casa. O Ricardo não era um homem bagunçado, porém os dois pareciam ter um nível de alerta diferente. Ela não suportava ver nenhum copo sujo na pia. Ele, não tinha problema em ver 2 ou 4 copos sujos na pia. Ele queria fazer as coisas aos poucos, para não passar o fim de semana fazendo faxina. Apesar de fazer tanto, todos os dias, sempre tinha um motivo que deixava o fim de semana agitado. Sem perceber, eles estavam entrando em uma rotina onde se cuida de tudo, menos um do outro.

Frequentemente, à medida que os casais se acomodam no conforto do amor, eles deixam de cultivar a chama do desejo. Eles esquecem que o fogo precisa de oxigênio.

Esther Perel

Elas

VERDADE 14:

É ridículo dar *like* nos *selfies* da ex na internet enquanto quem está em casa cuidando de tudo em troca de nada, merecendo um *like* seu, um obrigado, um elogio, uma palavra de reconhecimento, não recebe nada.

    Curtir fotos de outras mulheres na internet por coisas mínimas é como dar o troféu de campeão a quem ficou no segundo lugar. Não teria nada mais irritante para quem ficou no primeiro lugar ver o seu troféu nas mãos de outra pessoa. Mesmo que fazemos coisas sem esperar nada em troca, dar recompensa a quem nada fez quebra a lógica da justiça. Recompensar as pessoas certas faz parte da arte do bom senso. Existe muita gente com hipermetropia amorosa — a dificuldade de enxergar de perto, de não ver as coisas boas que acontecem ao seu redor. Há pessoas que só veem e elogiam o que está acontecendo longe, fora do lar.

Elas

Gatilhos que, através de bastante dedicação, se esfriaram, tornam-se quentes novamente quando a pessoa está com o humor relevante àquele gatilho.

Paul Ekman

Elas

VERDADE 15:

Não se apavorem quando uma mulher trouxer à tona um assunto que já foi perdoado.

Vania e Diego estavam quase indo dormir. Antes de se jogar na cama, a Vania deu uma última olhada nas suas redes sociais. De maneira inesperada, o que apareceu na tela do celular dela mudou a noite do casal para o pior.

Um texto nas redes sociais falava de uma mulher que tinha amizade com o namorado de uma outra mulher e sempre o elogiava. Ele respondia positivamente aos elogios, até que um dia o namoro terminou. Essa história de elogios mal-intencionados engatilhou a lembrança de uma amiga que o Diego tinha.

Naquela noite, a briga entre a Vania e o Diego começou com uma simples pergunta.

— E aquela sua amiga sem vergonha, será que até que enfim encontrou outra pessoa para elogiar? — a Vania perguntou "do nada" com tom de raiva. O Diego estava também mexendo no celular e não tinha ouvido muito bem a pergunta e a sua seriedade. Mas ele sabia do que se tratava, então respondeu com leveza. Para os ouvidos dela, ele respondeu descuidadamente.

— Deixa a vida da menina pra lá — ele respondeu. Virando para ela, o Diego tentou dar um abraço.

— Não me toque — ela falou para ele — Deixa a vida da menina pra lá!? — a Vania repetiu a frase do Diego em tom de ironia. Naquela noite, não houve fluxo de testosterona.

A mulher precisa perdoar 70X7 antes de esquecer parcialmente o que você fez. Não é por saudade da dor que uma mulher traz à tona um assunto que já foi perdoado. Quando a mulher volta em um assunto, muitas vezes é porque algo externo a fez relembrar do acontecido. Em vez de perguntar: mas você não perdoou? Pergunte: O que te fez relembrar disso, meu amor? Quando a mulher relembra, ela sente novamente um pedacinho da dor. Se é ruim ouvir novamente um assunto que já foi perdoado, pior ainda para uma mulher, sem querer, lembrar e voltar a sentir um pedacinho da dor que você causou.

BIOGRAFIA

Daniel **Musema** é escritor e empreendedor. Ele se interessa por pesquisas que buscam entender como e por que iniciamos, mantemos ou terminamos os sentimentos chamados **amor** e **desejo**. Ele também escreve sobre o alto preço que as mulheres pagam por um mau relacionamento e o papel social de gênero. Daniel estudou Comunicação Social em São Paulo, Brasil, e especializou-se em vendas e marketing em Boston, EUA. Ele fala **8 idiomas** e tem viajado pela América do Sul, África e Estados Unidos para compartilhar seu conhecimento sobre a dinâmica da **vida social** e **professional** através de palestras e treinamentos.

As diferenças que nos assemelham.

CONTATOS PARA PALESTRAS

Tel: 001 (857) 247-7456

Email: danielmuxima@yahoo.fr

Instagram: eleeelaoficialdanymusema

Elas

Made in the USA
Monee, IL
10 December 2023

d2cf67b9-ada9-4d92-9031-edd37dfe01deR03